El récol... mundial de Anita

Escrito por Doug GeBraad Ilustrado por Scott Nash

Adaptado por Vivian Cuesta

CelebrationPress
An Imprint of ScottForesman
A Division of HarperCollinsPublishers

Durante toda la mañana, Armando, el hermano de Anita, había estado leyendo un libro. Decía: "¡Qué maravilla!" y "¡Qué suave!" mientras leía.

—¿Qué estás leyendo? —le preguntó Anita.

—Vete de aquí, chinche —le contestó Armando.

Tan pronto como Armando se fue a sus clases de piano, Anita corrió a buscar el libro. No podía leer la segunda palabra del título, y le llevó el libro a su mamá.

—¿Qué es esta palabra, mamá?

—Guinness —dijo su mamá—. Es el libro Guinness de récords mundiales. Te dice quién es el mejor en hacer cosas diferentes. Quién corrió más rápido. Quién bailó más tiempo. ¿Sabe tu hermano que tienes su . . . ?

Anita corrió para afuera antes de que su mamá pudiera terminar la pregunta.

Anita fue a la casa del lado para buscar a su amigo Tomás. Él sabía leer mejor que Anita. Se sentaron bajo un árbol y empezaron a leer el libro de Armando.

—¡Mira! —dijo Anita—. ¡Este muchacho escupió una semilla de sandía 68 pies!

—¿Qué piensas de esto? —dijo Tomás—. Catorce niños jugaron saltando uno por encima del otro por una distancia de 999 millas. Les tomó 10 días.

—Te apuesto que nosotros podemos hacerlo en ocho días —dijo Anita.

—De ninguna manera —pensó Tomás.

—¡Vamos! Nosotros saltamos muy bien —dijo Anita.

Anita y Tomás jugaron el juego de saltos por un largo rato en el patio de la casa de Tomás antes de caerse uno encima del otro bien cansados.

—Yo quiero mi nombre en este libro —dijo Anita—. Debe haber algo que podemos hacer muy bien.

Volteó a la página títulada "Gatos" y leyó lentamente: —el gato más grande en el mundo pesa 48 libras. —Miró a Tomás—. ¿Estás pensando lo que yo estoy pensando?

La mamá de Anita estaba en el jardín cuando Anita y Tomás entraron muy calladitos a la cocina.

—¡Tigre, ven acá! —llamó Anita muy suavemente, mientras abría una lata de atún.

Sólo le daban a Tigre comida seca para gatos y por supuesto, se comió el atún en unos segundos. Anita siguió dándole a Tigre una segunda y tercera lata de atún. Pronto se le acabaron las latas de atún.

—Tomás, vamos a tu casa a buscar más latas de atún —dijo Anita.

Cuando regresaron a casa de Anita, su mamá tenía a Tigre en sus brazos.

—Ya, ya —le dijo tiernamente—. Todo va a estar bien.

—¿Podemos jugar con Tigre? —preguntó Anita.

—Temo que Tigre está enfermo —contestó su mamá—. No sé qué le pasa.

Anita escondió las dos latas de atún detrás de su espalda.

—¡Ah! Pues . . . me voy —le dijo a su mamá.

—¡Ay, qué mala suerte! —le dijo a Tomás cuando estaban afuera. Siguieron leyendo el libro Guinness de récords mundiales.

—¡Saltar la cuerda! —gritó Anita—. ¿Qué puede ser más fácil? Este muchacho dio 13,783 saltos en una hora. Nosotros podemos hacerlo mejor. ¡Sin problema!

Anita rápidamente encontró su cuerda para saltar. —Tomás, tú salta y yo cuento —ordenó ella.

Tomás empezó muy rápido. Cada vez que la cuerda le pasaba por debajo de los pies, Anita gritaba un número. Tomás saltó 43 veces antes de que se le enredara la cuerda en los pies.

—Trata otra vez —dijo Anita.

Tomás siguió saltando. Anita siguió contando. Después de diez minutos, Tomás estaba cansadísimo. —¡Yo no podría saltar 13,783 veces ni en un año! —resolló Tomás.

—No puedo creer que ese muchacho haya saltado tantas veces —dijo Anita.

—Mira aquí —dijo Anita—. Este muchacho de Minnesota besó a 8,001 personas.

—¡Ay, no! Ni lo pienses —respondió Tomás.

—Escucha. Un hombre de Inglaterra corrió 26 millas llevando un huevo en una cuchara —leyó Anita—. Luego vuelvo.

Anita regresó con una caja de huevos y dos cucharas. Le dio una chuchara a Tomás y

coloció un huevo sobre ella. Tomás dio dos pasos y el huevo cayó al suelo y se quebró.

—Esto es difícil —dijo Anita, cuando el huevo que llevaba ella también se cayó y se quebró.

—Esta vez iremos más despacio —dijo Tomás al poner los huevos en las cucharas.

Uno por uno todos los huevos cayeron al suelo y se quebraron.

Cuando su mamá la llamó a cenar, Anita estaba haciendo pucheros.

—¿Qué te pasa? —le preguntó su mamá.

—Hemos estado tratando de establecer un récord mundial. Pero Tomás y yo no servimos para nada.

—No creas que sólo puedes levantarte por la mañana y establecer un récord —dijo su mamá—. Necesitas practicar.

¿Recuerdas cuando Armando empezó a tocar el piano el año pasado? Ni siquiera sabía cuáles teclas usar. Ahora puede tocar canciones.

A Anita no le gustaban las canciones que tocaba Armando. Pensaba que si ella hubiera practicado el piano por un año entero, pudiera tocar mejor que Armando. Pero Anita no le dijo eso a su mamá.

La mañana siguiente antes de que Armando despertara, Anita leyó el capítulo del libro que trataba de Campo y Pista. Ella decidió correr la carrera de 100 metros porque era la distancia más corta. El récord mundial era menos de once segundos . . .

Tomás llegó y midieron 100 yardas.

—¿No debemos estar midiendo metros? —preguntó Tomás.

—Es casi lo mismo —contestó Anita.

Tomás usó su cronómetro para tomar el tiempo que corrió Anita.

Un poco más de 40 segundos —dijo él.

Por el resto del verano, Anita practicó corriendo cada día.

Corrió por la mañanita antes de que se pusiera caluroso el día. (38 segundos).

Corrió por las tardes frescas antes de que bajara el sol. (29 segundos).

Corrió antes del almuerzo cuando estaba vacío su estómago. (34 segundos).

A fines del verano, Anita no había mejorado su velocidad.

—Yo no sirvo para nada —se quejó con su mamá—. Yo nunca voy a establecer un récord mundial.

—¿Cuánto tiempo te tomó la primera vez? —preguntó su mamá.

—Más de 40 segundos —dijo Anita.

—¿Y cuánto tiempo te toma ahora? —preguntó su mamá.

—21 segundos —dijo Anita.

—¡Has cortado tu tiempo por la mitad, Anita! —dijo su mamá—. Cuando regreses a la escuela, tu maestra de gimnasia te podrá decir cómo puedes correr aún más rápido.

Anita salió para afuera y corrió más.

Anita siguió corriendo cada mañana. Cuando empezó la escuela, le pidió ayuda a su maestra de gimnasia.

—Por supuesto que seré tu entrenadora —dijo la señorita Farina. Le enseñó a Anita cómo

respirar mientras corría. También le enseñó la mejor manera de mover los brazos.

Cada día, Anita mejoraba. Pronto se le olvidó que quería establecer un récord mundial.

Ella estaba perfectamente feliz tratando de mejorar su propio récord.